Die historische Altstadt von Stralsund gehört, gemeinsam mit Wismar, zum Weltkulturerbe. Zu dieser die Stadt ehrenden Entscheidung der UNESCO im Jahre 2002 trugen (und tragen) mehrere ihrer Eigenschaften bei: Zunächst die großartige, einmalige Lage am Strelasund, wie sie in den hervorragenden Luftaufnahmen von Siegfried Hirsch deutlich wird. Trotz der schweren Kriegszerstörungen ist der Stadtgrundriß erhalten geblieben und soll auch bei einer Neubebauung der zur Zeit noch leeren Flächen strikt eingehalten werden. An den drei großen Stadtpfarrkirchen sind die Kriegsschäden längst beseitigt. Sie ragen in einem überirdisch hohen Maßstab über das Gleichmaß der Bürgerhäuser hinaus. Die Nikolaikirche kann schon für sich allein die Einstufung als Weltkulturerbe beanspruchen, denn sie gehört zu den frühesten Ablegern nordfranzösischer Kathedralgotik im Gewand der Backsteinarchitektur an der Ostsee. Auch besitzt sie wie keine andere Kirche in Norddeutschland noch große Teile ihrer historischen Innenausstattung, die ihr von den reichen Fernhandelskaufleuten im Lauf der Jahrhunderte gestiftet worden ist. Denselben Rang hat St. Marien als Kirche der mittelständischen Krämer und Handwerker, jedoch aus anderen Gründen: Sie ist das monumentalste, von der Kubatur her größte Bauwerk der Backsteingotik, wie eine Burg gewaltig aufragend und mit der auf kubische Grundformen vereinfachten Gestaltung stilistisch schon in das Zeitalter der Renaissance hineinragend. Die Jakobikirche als dritte Großkirche wurde vom untersten Stand, den Schauerleuten, Matrosen und Werftarbeitern geschaffen. Doch auch sie hat die Dimension einer Kathedrale. Das Heilgeistkloster mit seinem berühmten Kirchgang und dem Häuschen des „Elends", die Ruine und die erhaltene Klausur des Franziskanerklosters sowie das als Deutsches Meeres- und Kulturhistorisches Museum dienende Dominikanerkloster ergänzen das eindrucksvolle Ensemble von Sakralbauten, wie es in dieser Vollständigkeit außer Lübeck keine Stadt im norddeutschen Backsteingebiet aufzuweisen hat. Dazu kommen zahlreiche Bürgerhäuser mit gotischen Treppen- und Schweifgiebeln des 16. bis 18. Jahrhunderts und die Reste der mittelalterlichen Stadtbefestigung. Dieses reiche kulturelle Erbe zu erleben, ist in der Ebene der Küstenlandschaft am besten aus der Luft möglich. Deshalb können wir uns alle freuen, daß die sehr schönen, sorgfältig ausgewählten Luftaufnahmen jetzt in einem Buch erscheinen und damit jedermann zugänglich sind.
Ich wünsche dem Buch eine möglichst große Verbreitung.

Prof. Dr. Gottfried Kiesow

Siegfried Hirsch

Stralsund

Bilder aus der Luft

Die alte Hansestadt am Meer

Die Historischen Altstädte von Stralsund und Wismar wurden
in die Welterbeliste der UNESCO aufgenommen

Erschienen bei Konrad Reich in Rostock

Ein Flug über den Strelasund, die Meerenge zwischen Stralsund und Rügen – man sieht die Insellage der Werft- und Hafenstadt, die in ihrer Anlage eine bedeutende Seehandelsstadt zeigt. Seit dem 13. Jahrhundert ist Stralsund ein günstig gelegener Hafen für Kaufleute aus vielen Ländern, die ihre Waren mit den seetüchtigen Hansekoggen über weite Seewege transportierten.
Vom Rügenfürsten Wizlaw I. erhielt das slawische Fischerdorf Stralow 1234 Stadtrecht. Damit verbundene Privilegien wie Handels-, Zoll- und Fischereirechte lockten Kaufleute, sich hier anzusiedeln. Die Insel Rügen bot einen natürlichen Schutz vor hohen und oft stürmischen Ostseewellen, dazu in nördlicher und östlicher Richtung eine Zufahrt zum Mare Balticum. Die Seehandelsstadt wurde reich und zählte bald zu den einflußreichen in Nordeuropa und im Verband jener Städte, der als Hanse jahrhundertelang europäische Bedeutung hatte. Diese Vereinigung von Handelsleuten entwickelte sich gegen Ende des 13. Jahrhunderts und war eine Lebens- und Kulturgemeinschaft, die noch heute in den Speicherwohnhäusern, Kirchen und Klöstern, in der Architektur der Backsteingotik weiterzuleben scheint.
Nach dem Dreißigjährigen Krieg gehörte Stralsund etwa ab 1648 für 167 Jahre zu Schweden, 1815 zu Preußen. Nach Entfestung der Altstadt um 1872 nahmen die drei Vorstädte eine rasante Entwicklung. Im Oktober 1944 richtete ein schwerer Luftangriff in der Innenstadt wie auch in der Frankenvorstadt große Schäden an. Bis Anfang der fünfziger Jahre wurden einige Baulücken noch in traditioneller Bauweise geschlossen. Leider wurde danach nicht viel von dem gerettet, was noch zu retten gewesen wäre. Der fortschreitende Verfall der historischen Altstadt konnte erst durch die wiedergewonnene deutsche Einheit aufgehalten werden. Gut zehn Jahre danach sind wesentliche Teile bereits wieder in alter Schönheit zu bewundern.
Für dieses Buch habe ich acht Jahre aus der Luft fotografiert. Die Bilder zeigen das Einmalige, Typische und Besondere einer faszinierenden deutschen Seehandelsstadt – das Bild einer alten Hansestadt am Meer.

Siegfried Hirsch

Die Altstadt – eine Insel

Stralsund liegt am Meer, aber nicht am offenen Meer. Der Blick auf das offene Meer ist durch die etwa 2 km davor liegende große Insel Rügen verwehrt. Sie schützt, zusammen mit der noch näher zum Land gelegenen Insel Dänholm, vor den oft hohen Wellen der Ostsee. Dies nutzten um die Jahrtausendwende slawische Fischer und siedelten sich hier an. Diese Vorteile erkannten im 13. Jahrhundert auch Kaufleute, die für ihren Fernhandel einen geeigneten Hafenstandort suchten. Sie schlossen sich im Hansebund zusammen. Die Stadt wurde im Fern- und Zwischenhandel reich und mächtig. Die im 14. Jahrhundert erlebte Blütezeit ist in der Stadtanlage und in den Bauwerken der Backsteingotik bis heute sichtbar. Im Süden und Westen der Stadt wurden Sumpfflächen zu Teichen. Durch eine hohe Stadtmauer und vorgelagerte Bastionen wurde die Insel immer weiter zu einer Festung ausgebaut, die bis 1872 bestehen blieb. Danach wurde der Raum zwischen der Stadtmauer und den Teichen zu grünen Wallanlagen umgestaltet.

Die Umgebung der Altstadtinsel
Der Grüngürtel der Wallanlagen kontrastiert zur dicht bebauten Altstadt.
Mit der sogenannten „Entfestung“ der Altstadt Ende des 19. Jahrhunderts wuchsen die Vorstädte schnell. Im Westen, unten im Bild, entstand die Tribseer Vorstadt. Sie wurde vorwiegend von Eisenbahnern bewohnt. Im Süden, auf dem Foto rechts oben, entstand die Frankenvorstadt. Hier siedelte sich vorwiegend Industrie an. Der Standort des immer noch wichtigsten Betriebes, der Volkswerft Stralsund, ist durch die gewaltige, 300 m lange und 74 m hohe Schiffbauhalle zu erkennen.

Altstadt im Gegenlicht

In diesem Gegenlicht fallen der Knieperteich wie auch der darüber befindliche Moorteich auf, ganz besonders aber die in Richtung Hafen verlaufenden, nahezu parallelen Straßenzüge. Von links nach rechts sind das die Heilgeist-, Baden- und Semlowerstraße. Rechts vom Moorteich liegt das Hainholz. Es erinnert an die Belagerung Wallensteins im Jahre 1628. Der kaiserliche Feldherr soll während seiner vergeblichen Belagerung der Stadt ausgerufen haben: „Und wenn die Stadt mit Ketten an den Himmel gebunden wäre, ich wollte sie doch herunterholen.“ Da er dies nicht geschafft hat und unter Hohnblasen der Stralsunder abzog, gehört zu den alljährlichen Wallensteintagen auch das Hohnblasen vom St. Nikolaikirchturm.

Die Altstadt hat wieder Farbe

In den neuen Bundesländern konnten die Landesregierungen nach 1990 je eine Stadt benennen, die unter denkmalpflegerischen Gesichtspunkten besonders gefördert werden sollte. Für Mecklenburg-Vorpommern war dies zunächst Stralsund. Es erfolgten Sicherungsarbeiten, Dächer wurden abgedichtet oder gleich neu eingedeckt. Städtebaufördermittel flossen zunächst in Planungsarbeiten, anschließend mußte die unterirdische Ver- und Entsorgung saniert werden. Sichtbare Hochbauten zur Verbesserung des Stadtbildes lagen in der Rangfolge erst am Ende. Zahlreiche Gebäude wurden durch Sanierungen wieder mit Leben erfüllt. Im Luftbild erkennt man die hell gestrichenen Fassaden und neuen Ziegeldächer. Von den drei außen hervorragend sanierten Backsteinkirchen wird gerade das Gerüst an der St. Marienkirche abgebaut.

Langen- und Frankenstraße

Das Bild zeigt den schnurgeraden Verlauf der beiden längsten Straßen, die vom Neuen Markt aus zum Hafen führen. Noch heute sind hier Grundsätze des damals geltenden Lübischen Baurechts zu erkennen: „Wenn einer bauen will, soll er sich vom Rat Maß und Schnur holen, diese an die Straße anlegen, und danach bauen." Außer den Kellertreppen und den „Beischlägen" durften Gebäudeteile nicht in den Straßenraum hineinragen. Die hier errichteten Giebelhäuser, die Speicherwohnhäuser der Kaufleute, zeigen noch heute den Maßstab für die Stralsunder Gebäudearchitektur.

Die auf den Hafen ausgerichtete Straßenanlage

Im Osten der ca. 1 km^2 großen Altstadtinsel liegt der Hafen. Im Mittelalter mußten die mit den Schiffen eingetroffenen Waren auf möglichst kurzem Weg in die dafür errichteten Speicherwohnhäuser der Kaufleute zur Zwischenlagerung gebracht werden. So hat sich der Stadtgrundriß von hier aus entwickelt und zeigt deutlich die Seehandelsstadt. Bis heute unverändert sind sechs vom Hafen in die Stadt parallel verlaufende Straßen. Die älteste, die Fährstraße, erkennen wir, trotz ihrer Kürze, ganz rechts. Dann folgen nach links die Semlower Straße, Badenstraße, Heilgeiststraße, Langenstraße und Frankenstraße. Sie waren zum Hafen hin mit einem Tor abgeschlossen. Von diesen sechs Wassertoren ist heute leider keines mehr erhalten. Das schönste und letzte war das Semlower Tor. Es wurde infolge von Kriegsschäden, trotz begonnener Sicherungsarbeiten, auf staatliche Anweisung 1960 abgerissen.

Die historische Altstadt am Hafen

Stralsund – die Stadt am Meer. Seit 1990 trägt sie wieder den Beinamen „Hansestadt“. Der Hafen, älter als die Stadt, war früher der Mittelpunkt. Die Nahtstelle zwischen Land und Wasser hat immer ein besonderes Flair. Hier traf man sich, erfuhr Neuigkeiten. So sagte die deutsche Schriftstellerin Ricarda Huch (1864–1947): „Meerstadt ist Stralsund, vom Meer erzeugt, dem Meere ähnlich, auf das Meer ist sie bezogen in ihrer Erscheinung und in ihrer Geschichte.“ Heute lockt das ideale Segelrevier immer mehr Segler zum Anlegen und Verweilen.

Von der Wasserstadt zur Altstadt
Vom noch weiter vorn liegenden Hafen geht der Blick in die Altstadt. Hier war die Kleinteiligkeit der Gebäudearchitektur besonders typisch. Diese Häuser fielen dem Abriß als erste zum Opfer.

Um den Charakter dieses Stadtteiles zu erhalten, ist die Sanierung jedes noch vorhandenen Hauses besonders wichtig. Im Vordergrund rechts liegt der Fischmarkt in seiner mittelalterlichen Struktur.

Die nördliche Hafeninsel hat Zukunft
Die freien Flächen der nördlichen Hafeninsel zeigen bereits eine weitgehende Beräumung von hafenfremder Bebauung. Der bisher am Hansakai (Bildmitte) durchgeführte Umschlag wird jetzt an den südlicher gelegenen Schwedenkais vorgenommen. So wird der Weg frei für eine stärkere touristische Einbindung der nördlichen Hafeninsel. Das Deutsche Meeresmuseum plant hier bereits ein Ozeaneum mit mehr als 12 000 m^2 Nutzfläche sowie Großaquarien. Mit der für 5 Jahre konzipierten Sonderausstellung „Meereswelten" in der blauen Traglufthalle gibt das Meeresmuseum bereits heute ein Gastspiel auf seinem künftigen Erweiterungsstandort.

Der Hafen hat sich entwickelt
Nur wenige Hafenstädte liegen so direkt am Meer wie Stralsund. Der Stralsunder Hafen ist älter als die Stadt. Eine erste Hafenordnung stammt aus dem Jahre 1278. Da es damals noch keine Kaimauern mit erforderlicher Wassertiefe gab, wurden die Schiffe, auf Reede liegend, geleichtert. Das geschah mit kleinen Booten, die dann an Holzstegen entladen wurden. Von dort gelangten die Waren in die Speicherwohnhäuser der Kaufleute.
Die heutige Hafenanlage entstand erst um 1870. Die Hafeninsel wurde vor den Bastionen aufgeschüttet und der entstandene Kanal für Liegeplätze genutzt. Seit Errichtung des Rügendammes

gibt es für den Stralsunder Hafen den Nachteil, daß er von Osten nur bei hochgeklappter Ziegelgrabenbrücke angelaufen werden kann. Seit 1990 wurden, vorwiegend aus Fördermitteln, Kaimauern und Hafen umfassend saniert.

Der Rügendamm mit Dänholm
Die nach dem Eisenbahnanschluß Stralsunds eingerichtete Trajektverbindung nach Rügen mit Anbindung nach Schweden war den ständig gestiegenen Anforderungen bald nicht mehr gewachsen. Nach nur dreijähriger Bauzeit wurde 1936 der etwa 3,2 km lange Rügendamm mit der 500 m langen Strelasundbrücke fertiggestellt. Die Trasse verläuft über die Insel Dänholm.

Der Südhafen zwischen Ziegelgrabenbrücke und Volkswerft
Als Zufahrtsmöglichkeit zum Stralsunder Hafen hat die ca. 27 km lange Fahrrinne vom Greifswalder Bodden mit 6,90 m die größere Wassertiefe. Die von hier den Hafen anlaufenden Schiffe müssen aber den Rügendamm mit nur 8,0 m lichter Brückenhöhe passieren, was nur für niedrigere Schiffe möglich ist. Große Schiffe, die den Stralsunder Nordhafen anlaufen wollen, müssen durch das „Nadelöhr" des Rügendammes, im Bild die geöffnete Ziegelgrabenbrücke.

Die Strelasundbrücke
Über Jahrhunderte war Deutschlands größte Insel Rügen nur per Schiff zu erreichen. Der zu Beginn des 20. Jahrhunderts enorm zunehmende Verkehr machte eine feste Verbindung erforderlich.

Sie besteht aus dem Inselabschnitt, geschütteten Erddämmen und den beiden Brücken über Strelasund (500 m) und Ziegelgraben (130m).

Der Dänholm – eine Insel
Der Dänholm wurde 1848 erster deutscher Marinestandort. Seit 1990 wird er von zivilen Einrichtungen, wie dem Marinemuseum, genutzt.

Der Hafen – Anziehungspunkt für Touristen
Im Mittelalter reisten Gäste günstiger auf dem Wasserwege an. Auch für Warentransporte war er preiswerter, betrugen doch die Kosten auf dem Landwege etwa das Sechzigfache. Heute kommen die Touristen überwiegend per Auto nach Stralsund. Aber auch der Wassersporttourismus hat enorm zugenommen, denn das Segelrevier vor Stralsund ist ideal und vermittelt ständig wechselnde Blickrichtungen auf die markante Stadtsilhouette.

Historische Altstadt

Der Alte Markt ist nicht groß, aber gleichwohl der geschichtsträchtigste und bekannteste Platz der Stadt. Er wird an seiner Südseite vom Rathaus mit der repräsentativ erhöhten Schaufassade und der Basilika St. Nikolai mit ihren zwei Türmen begrenzt. Nur der südliche Turm trägt einen im Barockstil gestalteten Helm. Dieses Bauensemble der norddeutschen Backsteingotik sucht seinesgleichen in Nordeuropa. Zur Tradition des Alten Marktes gehören historische Feste und Märkte. Um ihn herum, wie auch in der ältesten Straße der Stadt, der Fährstraße, finden wir die meisten der in der Hansezeit errichteten Giebelhäuser.

Rathaus und St. Nikolai von Südwesten
Das Rathaus entstand im 13. Jahrhundert aus einem Kaufhaus, das zugleich Handelszentrum war, mit zwei parallelstehenden langgestreckten Einzelgebäuden. Unter den Satteldachflächen gab es im Erdgeschoß vierzig Verkaufsräume. Mit dem Umbau zum Rathaus entstand die Vierflügelanlage mit der um etwa 1350 nördlich vorgesetzten Schaufassade, die wir hier von der Rückseite sehen. Von der Ravensbergerstraße aus sieht man die später eingefügte barocke Portalumrahmung. Stolz präsentiert sich dahinter St. Nikolai, die Pfarr- und Ratskirche der Hansestadt mit ihrer mächtigen Doppelturmanlage. Diese ist mit vierzig Metern breiter als die Kirchenschiffe. Ihre Lage unmittelbar am Rathaus spricht für die innere Verbundenheit der Ratsherren zu ihrer Kirche, in der sie, bis zur Umgestaltung des Kaufhauses zum Rathaus, zu Hause waren.

Rückseite der Rathaus-Schaufassade und Alter Markt

Seite 23

Der Rathausplatz

Die Zerstörungen im Zweiten Weltkrieg ließen östlich der Ossenreyerstraße eine große freie Fläche entstehen. Im Mittelalter der Kohlmarkt, wird er heute Rathausplatz genannt. Um die hier erhaltenen Altbauten ist inzwischen auch ein Baumbestand gewachsen. Der gesamte Platz hat die doppelte Größe des Alten Marktes.

Neuer und Alter Markt

Die Altstadtinsel Stralsund mit nur etwa 1 km Durchmesser hat zwei Marktplätze. Die Märkte verbinden zwei Straßen: Die Mönchstraße, vorbei am Katharinenkloster, an der großen roten Dachfläche zu erkennen, ist der historische Weg. Beginnend an der Nordost-Ecke des Neuen Marktes war sie ursprünglich die breiteste Straße der Stadt, da sich hier einst die Marktstände der Kleinhändler befanden. Der andere Weg, davon rechts verlaufend, führt über die Ossenreyerstraße, den Boulevard der Stadt, am Rathausplatz vorbei.

Die ehemalige Neustadt

Die Neustadt ist 1256 erstmals erwähnt, sie gab ihre Selbständigkeit jedoch bald zu Gunsten der städtischen Einheit auf. Eine Stadtmauer umschloß seit dem Beginn des 14. Jahrhunderts die gesamte heutige Altstadt. Der Neue Markt hatte vormals ein eigenes Rathaus. Er ist doppelt so groß wie der Alte Markt. Heute bildet er das Zentrum der südlichen Altstadt. Geprägt und dominiert wird er von der gewaltigen, spätgotischen Basilika St. Marien. Mit ihrer Länge von 100 Metern begrenzt sie die Markt-Südseite. Gegenüber befindet sich das neogotische Hauptgebäude der Post.

Der Neue Markt

Das Ärztehaus am Frankenwall
Die Eingangsseite des Ärztehauses zeigt eine flächige Backsteinfassade ohne Vor- und Rücksprünge. Sie entspricht dem Verlauf der ehemaligen Stadtmauer. Neben dem Ärztehaus links befindet sich die Scheele-Apotheke. Dieses Gebäude war im Mittelalter Gasthauskirche, später dann erstes Stralsunder Krankenhaus, dem 1866 das heutige Ärztehaus folgte, das von Stadtbaumeister Ernst von Haselberg in neogotischer Bauweise errichtet wurde. Am Frankenwall ganz links ist das 1927 errichtete Gebäude der Deutschen Bank zu sehen. Daneben befand sich das Tribseer Tor, das 1874 abgerissen wurde. Man wollte, wie auch zu den anderen Vorstädten, breitere Zugänge schaffen.

Giebelhäuser in der Frankenstraße vor der Restaurierung.
Diese Aufnahme von 1996 zeigt in der Frankenstraße eine Reihe nebeneinander stehender Giebelhäuser. Eine Hilfe für die mittleren fünf, vom Verfall bedrohten Gebäude war dringend nötig. Mit dem neuen Finanzierungsmodell einer Wohnungsgenossenschaft wurden Käufer für die Wohnungen gesucht und unter Nutzung aller Fördermöglichkeiten die Sanierungskosten je Haus von 2 bis 3 Millionen DM aufgebracht. Inzwischen sind drei der fünf Häuser fertiggestellt und die Eigentumswohnungen bezogen. Mit diesem Modell ist es gelungen, die in ihrer Bausubstanz noch vorhandenen denkmalgeschützten mittelalterlichen Kaufmannshäuser wieder mit neuem Leben zu erfüllen. Das dahinter liegende Gebäude, im Stile der Brunsberg-Gotik vor einhundert Jahren errichtet, ist die ehemalige Höhere Knabenschule, heute Gerhart-Hauptmann-Schule.

Die restaurierten Giebelhäuser in der Frankenstraße

Blick von St. Marien nach Norden

Bildseiten 32/33

Von den Stralsunder Kirchen ist zur Zeit nur der Turm der St. Marienkirche touristisch nutzbar. 366 Stufen führen hinauf auf die Aussichtsplattform. Von hier aus blicken wir über den Neuen Markt auf St. Nikolai. Im Hintergrund ist die Insel Rügen und bei guter Sicht in der Ferne sogar der Dornbusch mit Leuchtturm auf der Insel Hiddensee zu erkennen.

Stralsunds gotische Backsteinkirchen

Bildseite 35

Die drei Pfarrkirchen, St. Nikolai (im Bild links oben, die „Prächtige"), St. Marien (unten, die „Mächtige") und St. Jakobi (rechts, die „Schmächtige") stehen in der Innenstadt im Dreieck, nur 200 bis 400 m voneinander entfernt. Die Basiliken St. Nikolai zu Stralsund und St. Marien zu Lübeck sind Repräsentanten eines eigenständigen Stils für unsere Region und Vorläufer einer nordeuropäischen Architektur. Hier wurde erstmals die vorwiegend aus Nordfrankreich bekannte Hausteingotik – Baumaterialien aus gehauenem Stein – übertragen in die Backsteingotik. Diese Kirchen wurden aus heimischem Ziegelmaterial, dem Backstein, errichtet.

725 Jahre St. Nikolai am Strelasund

Bildseiten 36/37

St. Nikolai ist die älteste Pfarr- und Ratskirche der Hansestadt. Wie alle anderen Stralsunder Kirchen ist sie eine Bürgerkirche, das heißt, die Bürger gaben, vom reichen Kaufmann bis zur armen Witwe, Geld und Baumaterialien oder vererbten ihrer Kirche Hab und Gut, um ein prächtiges Gotteshaus zu errichten. Seit dem ersten Gottesdienst im Jahre 1276 hat das Bauwerk nun schon über sieben Jahrhunderte allen Witterungseinflüssen widerstanden, auch wenn Sanierungsarbeiten an der Außenhaut notwendig waren. Mit Ausnahme des Bildersturmes 1525 wurde nichts ernsthaft zerstört oder durch Fremdnutzung beschädigt. Die Kirche besitzt noch immer eine reiche Ausstattung, wie sie in Nordeuropa kaum so zu finden ist.

Das große Westportal von St. Nikolai

Der barocke Turmhelm von St. Nikolai

Doppelturmanlage und Strebebögen von St. Nikolai

Bildseite 38

St. Nikolai hat als Bürgerkirche eine Doppelturmanlage, wie Bischofskathedralen. Hier werden vier Geschosse mit je drei Maßwerkblenden an jeder Turmseite von Gurtgesimsen unterbrochen. 1662 brannten die spitzen, pyramidenförmigen gotischen Turmhelme ab. Nur der Südturm erhielt – nun im barocken Baustil – einen Helm mit Haube in Glockenform, offener Laterne und nach oben hin spitz zulaufender Zwiebel. Ein aufgesetzter Hahn soll die Christen ermahnen, ihren HERRN nicht zu verleugnen, so wie Petrus es getan hat. Der Nordturm wurde aus Geldmangel nur notdürftig mit einem flachen Zeltdach abgeschlossen. Seit nunmehr 340 Jahren gehören die Türme so zur berühmten Silhouette der Hansestadt am Strelasund.

Die Rats- und Pfarrkirche St. Nikolai am Alten Markt

Das Krämergestühl in St. Nikolai stammt aus dem Jahre 1574. An der verzierten Außenseite finden wir auch den eine Keule schwingenden Wächter mit der geschnitzten Inschrifttafel:
DAT KEEN KRAMER IST / DE BLIEF DA BUTE(N) / ODER ICK SCHLA EM UP / DE SCHNUTEN.
So wurde den nicht zu den *Kramern* gehörenden Bürgern mit dem wohl derben Humor des Keulenschwingers unmißverständlich mitgeteilt, daß sie zu diesem Gestühl keinen Zutritt hatten.

Blick durch eine Rosette der Rathaus-Schaufassade auf St. Nikolai und den Turm von St. Jakobi.

St. Marien am Neuen Markt

Die größte Kirche Stralsunds ist die spätgotische Basilika St. Marien. Sie dominiert die Südseite des Neuen Marktes. Zur Blütezeit der Hanse errichtet, übertrifft sie mit ihrer Baumasse alle anderen Kirchen. Der Turm hatte einst einen spitzen gotischen Helm, der bis in eine Höhe von 151 Metern reichte. Damals, vor über 500 Jahren, war dies neben dem Münster zu Straßburg der höchste Kirchturm der christlichen Welt. 1647 durch Blitzschlag abgebrannt, wurde er im Barock-Baustil neu aufgesetzt, seine Höhe beträgt jetzt 104 m. Im Inneren von St. Marien ist besonders die 1659 erbaute Barockorgel von Friedrich Stellwagen erwähnenswert. Diese einzigartige Orgel wird durch die großzügige Hilfe der „Hermann Reemtsma Stiftung" in ihren ursprünglichen Zustand gebracht.

Der Wetterhahn von St. Jakobi

Die St. Jakobikirche

St. Jakobi ist die kleinste der drei Stadtpfarrkirchen. Sie wurde als einfacher rechteckiger Kirchenraum errichtet und war das Gotteshaus der Handwerker und der weniger Begüterten. Entsprechend jeweiliger finanzieller Möglichkeiten wurde sie ständig erweitert, zur Basilika erhöht und erhielt ein Turmgeschoß vorgesetzt. Die dem Apostel Jakobus, Schutzpatron der Fischer, Pilger und Reisenden geweihte Kirche war Glied in der großen Kette auf dem Pilgerweg nach Spanien zum Grab des Apostels. Durch Bombeneinwirkung entstanden 1944 Bauschäden. Danach gab es nur noch wenige kirchliche Veranstaltungen. Es gab auch eine Fremdnutzung des Hauptschiffes. Die gotische Basilika wurde besonders durch Initiative der Deutschen Stiftung Denkmalpflege vor weiterem Verfall bewahrt. Seit 1998 präsentiert sich der architektonisch besonders dekorativ gestaltete Turm nun wieder in alter Schönheit.

Detail eines Fachwerkhauses im zweiten Innenhof von St. Johannis

Detail im früheren Eingangsbereich zu St. Johannis

Lage der Bettelmönchsklöster

Dominikaner- und Franziskanermönche hielten sich schon seit 1240 in der Stadt auf. Der Franziskanerorden erhielt 1249 einen Bauplatz vom Rügenfürsten im Norden zugewiesen. Er lag nur zweihundert Meter vom Alten Markt entfernt, direkt am Strelasund, unten im Foto. Möglichst weit davon, ebenfalls an dem die Stadt umgebenden Palisadenzaun gelegen, erhielten die Dominikaner zwei Jahre danach vom Rügenfürsten ihren Bauplatz im Südwesten der Stadt zugewiesen, Bild oben Mitte. Die Mönchsorden hatten die Genehmigung, vor den Pfarrkirchen zu betteln, sollten dabei aber nicht miteinander konkurrieren. Die Mönche errichteten große Kirchengebäude für viele Besucher, lehnten aber eine aufwendige Baugestaltung mit massiven Türmen ab.

Das Franziskanerkloster St. Johannis

Bilderseiten 48/49

Der Gründer des Ordens Franz von Assisi fand nach zügelloser Jugend eine innere Umkehr und lebte fortan in Armut. Seine Hilfs- und Opferbereitschaft fand viele Gleichgesinnte. Sie waren wegen ihres sozialen Bewußtseins und der seelsorgerlichen Dienste sehr beliebt. Das im Foto Bildmitte, Seite 49, zu sehende Kloster weihten sie Johannes dem Täufer. Nach der Reformation wurde es ein städtisches Altenheim. 1624 zerstörte ein Brand die Klosteranlage. Der wieder mit einem Dach versehene Chorraum diente dann als Gottesdienstraum bis zum Bombenangriff 1944, Seite 48 rechts die Chorruine. In den Jahren von 1963 bis 1986 wurde in mühevoller Arbeit vieles gerettet und in alter Schönheit wieder hergestellt, zum Beispiel solche Kostbarkeiten wie der Kapitelsaal (Versammlungs- und Beetsaal der Mönche) mit alter Malerei oder der Räucherboden, wo allerdings nie Fisch oder Schinken geräuchert wurde.

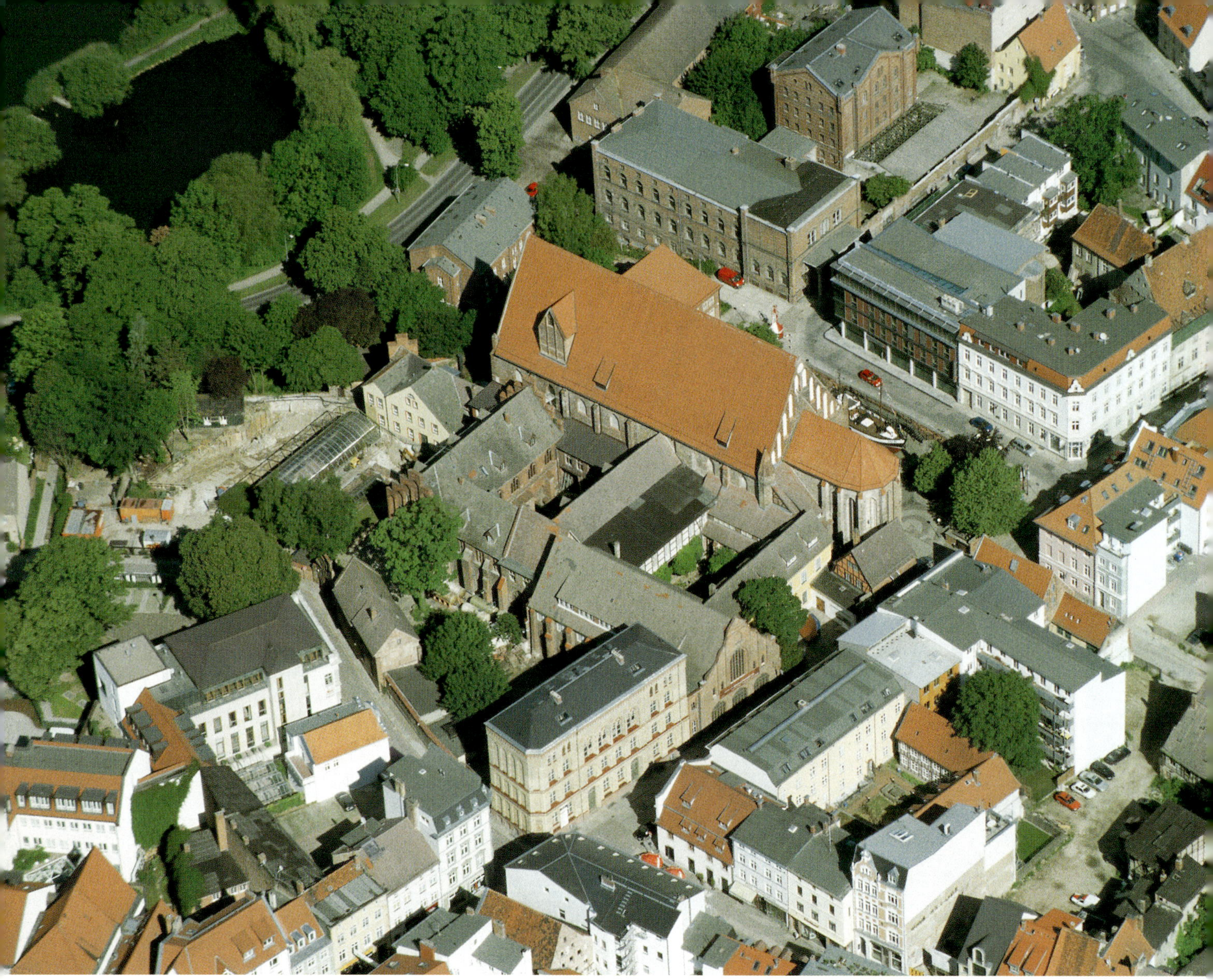

Das Dominikanerkloster St. Katharinen

Der Bettelmönchsorden der Dominikaner, Bildmitte, bekam seinen Bauplatz 1251 direkt an der südwestlichen Altstadtgrenze zugewiesen. Das der Heiligen Katharina geweihte Kloster gehörte bald zu den bedeutendsten der Region. Die Mönche wurden an ihrer schwarzen Tracht erkannt und als Predigermönche bezeichnet. Als 1525 die Reformation in Stralsund ihren Einzug hielt, blieb auch die Katharinenkirche von Plünderungen nicht verschont. Nach weiteren wechselvollen Jahren als Schul- und Waisenhaus, beherbergt es heute zwei Museen, seit 1924 das Kulturhistorische und seit 1951 das heutige Deutsche Meeresmuseum, Bild Seite 51. Es ist als Spezialmuseum für Meereskunde und Fischerei in Deutschland einzigartig und mit etwa 600000 Besuchern im Jahr das meistbesuchte Museum in ganz Norddeutschland.

Das Kloster zum Heiligen Geist
Das Heilgeisthospital ist eine städtische Gründung. Ältere Menschen, Arme, Kranke und Reisende wurden hier untergebracht. Bereits 1256 am Heilgeisttor erwähnt, wurde es etwa siebzig Jahre später an den heutigen Standort vor die Stadtmauer verlegt. Der sogenannte Kirchgang, bestehend aus zwei Satteldachgebäuden mit Laubengängen, bildet mit seinen Wohnräumen den Kern dieser Einrichtung. Die Heilgeistkirche schließt mit direkten Zugängen in zwei Ebenen daran an. Weiterhin gehören zu dieser wohl einmaligen mittelalterlichen Anlage das langgestreckte Elendenhaus und die im 18. und 19. Jahrhundert zu Wohnzwecken errichteten ein- bis zweigeschossigen Fachwerkhäuser.
Bereits zu DDR-Zeiten begannen umfangreiche Restaurierungsarbeiten. Auf Anregung des Bürgerkomitees „Rettet die Altstadt“ wurde das Quartier mit Hilfe der Deutschen Stiftung Denkmalschutz zwischen 1993 und 1996 beispielhaft saniert.

Justizgebäude und Versorgungsamt

Am Frankendamm wurde auf dem Gelände des ehemaligen Schlachthofes 1997 von einer privaten Investorengemeinschaft ein Verwaltungszentrum errichtet. Genutzt wird es vorwiegend vom Land-, Arbeits- und Sozialgericht, auch die Staatsanwaltschaft hat hier ihren Sitz. In diesen Gebäudekomplex ist auch das Versorgungsamt eingezogen. Weiter oben im Bild das 1952 erbaute Hotel Baltic, inzwischen modernisiert und erweitert.

Frankenvorstadt

Bildseite 55

Die Frankenvorstadt liegt südlich der Altstadt. Mit Zuckerfabrik, Brauerei, Gaswerk und weiteren Betrieben bildete sich hier um 1900 das Industriezentrum Stralsunds. Das Foto zeigt die Greifswalder Chaussee, vom noch im Bau befindlichen Autobahnzubringer überbrückt.

Die Volkswerft Stralsund

Gegründet 1948. Spezialwerft für Fischfang- und Fischverarbeitungsschiffe.
Große Serien wurden u. a. vom Atlantik-Supertrawler gebaut. Von den bis 1989 gebauten 1400 Schiffen wurden etwa 1200 in die Sowjetunion geliefert. Inzwischen ist die Umstrukturierung zu einer modernen Kompaktwerft abgeschlossen. Die Aufnahme zeigt die Werft mit einigen Zulieferfirmen. Auffällig die 300 m lange, 111 m breite und 74 m hohe Schiffbauhalle, die heute zu den modernsten in Europa zählt. Für die farbliche Gestaltung, eine Synthese aus dem Blau des Wassers und des Himmels gab es den europäischen Designpreis. Dahinter liegt die Insel Dänholm. Im Vordergrund sind die Anlagen der Alten Brauerei an der Greifswalder Chaussee zu sehen.

Die Alte Brauerei
Viele Stralsunder Kaufleute hatten schon im Mittelalter ihre eigenen Brauhäuser. Die Tradition des Bierbrauens erlebte 1992 einen viel beachteten Aufschwung in den historischen Gebäuden der alten Stralsunder Brauerei in der Greifswalder Chaussee, als die Gebrüder Nordmann, Unternehmer aus dem Oldenburger Land, nach Stralsund kamen. Sie sanierten und erweiterten die stark renovierungsbedürftigen Brauereigebäude. In der rustikal belassenen, historisch restaurierten Altbausubstanz entstanden Räume für 25 bis zu 1000 Personen. Neben einer Vielzahl ausgezeichneter Biere, natürlich aus der eigenen Brauerei, und Steaks von selbst gezüchteten Rindern, wurde das Braugasthaus „Zum alten Fritz“ auch zu einem lebendigen Zentrum der Stralsunder Kultur.

Andershof – Devin
In südlicher Richtung hat sich die Stadt mit Einkaufszentrum, Baumarkt und Autohäusern erweitert. Dahinter sind neu entstandene Wohnviertel zu sehen.

Tribseer Vorstadt

Bildseite 59

Die Entwicklung der Tribseer Vorstadt begann mit dem Eisenbahnanschluß Stralsunds. Es waren vor allem Eisenbahner, die sich hier ansiedelten. Um 1920 wurde, vorwiegend durch Beschäftigung von Arbeitslosen, der Küterdamm mit den sogenannten „Weißen Brücken“ errichtet, um die Vorstadt mit der Altstadt zu verbinden. Im unteren Bildteil links ist das ehemalige Projektierungsbüro für Industriebau zu sehen. Nach 1989 wurde der Betrieb privatisiert. Von ehemals 320 hat die heutige Architekten- und Ingenieurunion noch 80 Beschäftigte.

Der Hauptbahnhof
Der Stralsunder Hauptbahnhof wurde, wie viele vor etwa einhundert Jahren errichteten öffentlichen Gebäude, backsteinsichtig gestaltet.
Im Jahr 2000 erfolgte der attraktive Umbau der Empfangshalle. Restauriert wurden dabei auch die Wandbilder von Erich Kliefert aus dem Jahre 1935. Sie zeigen in künstlerischer Freiheit Luftbildpanoramen der Stadt und der Insel Rügen. Der Querbahnsteig erhielt ein großes Glasdach.
Das daneben befindliche Gebäude beherbergt das Intercity Hotel mit Parkturm.

Vom Hauptbahnhof in die Altstadt
ist es nicht weit. Der Fußgänger erreicht sie über den Tribseer Damm wie auch über den Küterdamm, immer mit Sicht auf Grünanlagen und Wasser.

Der Stadtteil Grünhufe
Als letzter Stadtteil Stralsunds wurde 1980 neben dem im Vordergrund zu sehenden Dorf Grünhufe der Stadtteil Grünhufe errichtet, in Plattenbauweise, wie auch zuvor der Stadtteil Knieper West. Diese Neubauwohnungen waren damals sehr begehrt, hatten sie doch alle Fernheizung, warmes Wasser und ein Bad. Kleingartenanlagen, Bildmitte, werden noch heute von den Bewohnern der Stadtteile intensiv genutzt.

Die Kniepervorstadt

Die Kniepervorstadt wurde im 19. Jahrhundert noch größtenteils landwirtschaftlich genutzt. 1860 gab es hier immerhin 55 Ackerbürger. Um1900 siedelten sich zunehmend Pensionäre an und bezogen villenartige Häuser. Am Strelasund entstand so eine schöne Wohngegend, die „im hanseatischen Geist" großzügig angelegt wurde. Nach 1950 vergrößerte sich der Stadtteil. Ab 1960 entstanden um Knieper Nord überwiegend Wohnungen in Großblockbauweise, später, wie in den Neubauvierteln Knieper West, nur noch in Plattenbauweise.

Das Bonhoeffer-Haus in Knieper Nord
Dieses Haus ist ein Geschenk der Evangelisch-Lutherischen Kirche Schwedens an die Kirchgemeinde Knieper Nord. Der Flachbau, Bildmitte, wurde 1964 errichtet. Dem engagierten Bemühen des damaligen Bischofs der Greifswalder Landeskirche, Dr. Friedrich Wilhelm Krummacher, ist es zu danken, daß die Baugenehmigung auf kirchlichem Grund und Boden schließlich erteilt wurde. Sämtliches Baumaterial wurde von Schweden angeliefert. Der Name „Bonhoeffer-Haus" erinnert an den gleichnamigen Widerstandspfarrer, der noch im April 1945 von den Nazis im Konzentrationslager ermordet wurde. Das Bauvorhaben hatte Signalwirkung, denn danach konnten auch in anderen Orten der DDR kirchliche Gebäude neu entstehen.

Wohnen im Grünen – Kniepervorstadt im Vordergrund
Bildseite 64

Das Klinikum am Sund

Dieser elegant geschwungene Backsteinbau wurde 1936 als Marinelazarett errichtet. Nach 1945 war es das größte öffentliche Krankenhaus der Region. Im letzten Jahrzehnt erfolgten notwendige Umbauten, Erweiterungen und Modernisierungen. Im Mai 2002 wurde der Grundstein für die größte Erweiterung – einen neuen Funktionstrakt – gelegt. Das Klinikum wird nach Fertigstellung mit seinen 562 Betten ab 2005 zu den größten und leistungsfähigsten Krankenhäusern des Landes Mecklenburg-Vorpommern gehören. Im Hintergrund links die Diesterweg-Real-Schule, eine „Europa-Schule“. Ganz unten rechts im Bild ein Teil des Strandes der Stralsunder Badeanstalt.

Das Stralsunder Schwesternheimathaus
Die Stiftung „Stralsunder Schwesternheimathaus“ liegt in der Großen Parower Straße. Seit 1933 arbeiten in diesem Haus Schwestern der Evangelischen Frauenhilfe. Sie pflegen und betreuen – ihr Auftrag orientiert sich an der biblischen Botschaft. Begleitung und Unterstützung bei den Aktivitäten des tägliches Lebens prägen den Alltag des Hauses. Das Altenzentrum hat 82 Plätze.

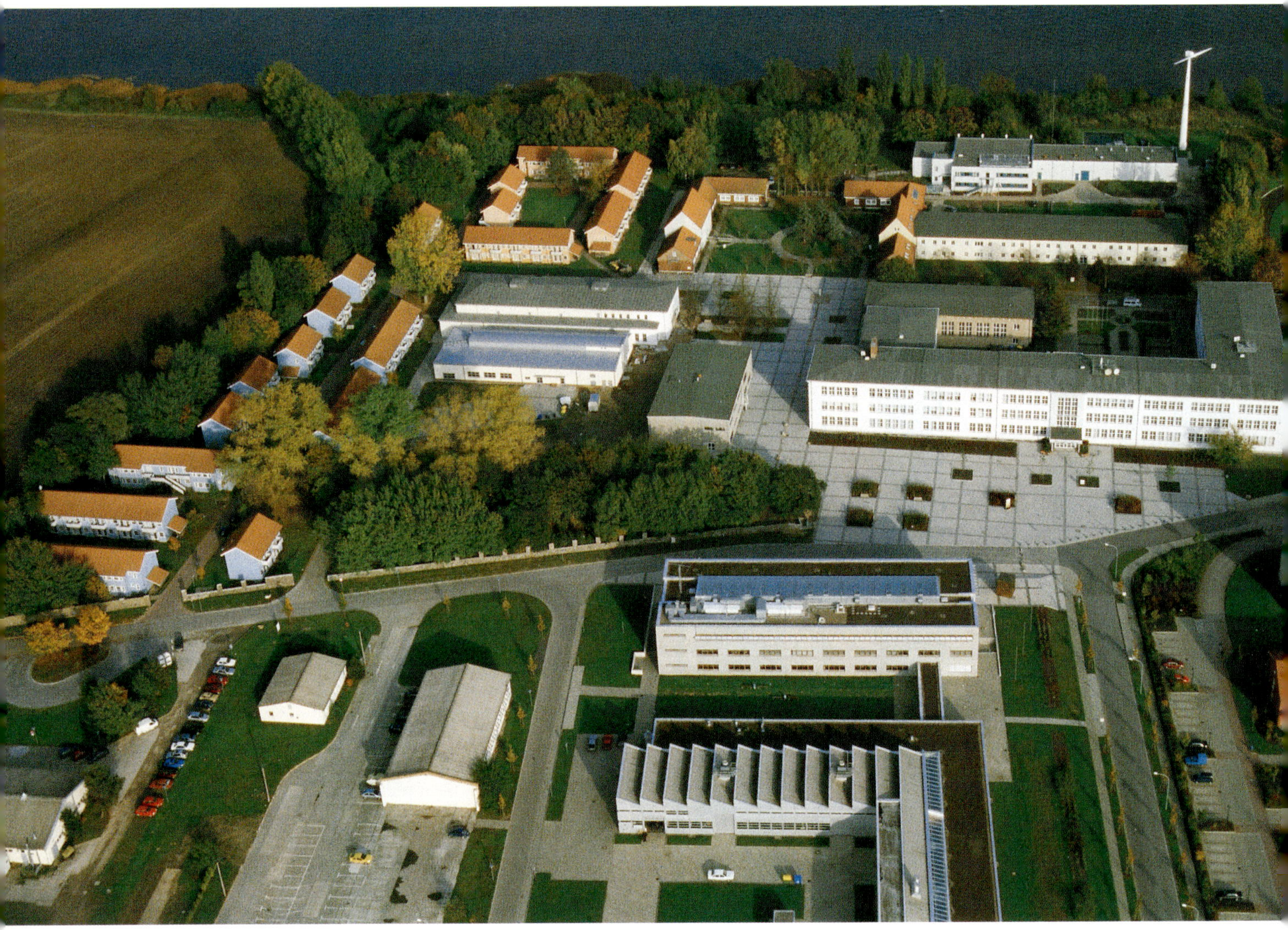

Die Fachhochschule

Die Fachhochschule Stralsund ist nach 1990 vorwiegend durch Stralsunder Initiativen entstanden. Die Zahl der Studenten, heute sind es fast 3000, ist schneller gestiegen als geplant. Gefragt sind Studiengänge wie Baltic Management Studies, die sich schwerpunktmäßig mit den Ostseeanrainerstaaten befassen. Inzwischen hat aber auch der Studiengang Leisure and Tourism Management großen Zulauf. Nur etwa 10% der Bewerber können zur Zeit berücksichtigt werden. Links oben im Bild die beliebten kleinen Studentenwohnhäuser. Diese Gebäude mit den roten Dächern sind unter dem Namen „Holzhausen“ bekannt. Im Vordergrund das neue Gebäude des Fachbereichs Maschinenbau. Es ist der erste Hochschulneubau in Mecklenburg-Vorpommern nach 1990.

Die Bundesversicherungsanstalt und touris line
Zur Strukturförderung in den neuen Bundesländern wurde der Aufbau einer Leistungsabteilung der Bundesversicherung für Angestellte (BfA) in Stralsund beschlossen. Seit 1999 sind hier die ersten 800 von insgesamt 2000 Mitarbeitern tätig. Darüber halb rechts befindet sich das weiße Gebäude der touris line AG. Diese, auf verschiedene Bereiche des Neuen Marktes orientierte Einrichtung hat sich 1997 gegründet.

Die neue Marinetechnikschule
Die Marine hat in Stralsund eine lange Tradition. So lief hier bereits 1848 das erste Kanonenboot unter Schwarz-Rot-Gold vom Stapel. Danach gab es neben dem Dänholm auch auf der Schwedenschanze und in Parow Standorte der Marine. Nach 1989 ist davon nur der Standort in Parow, hier

im Bild, nördlich vor der Stadt gelegen, übrig geblieben. Ab 1992 wird dort die Strelasund-Kaserne, das größte Bauvorhaben der Bundeswehr in Mecklenburg-Vorpommern und künftig einzige Marinetechnikschule Deutschlands, neu errichtet.

Strelapark und Hanse Dom
Der Strelapark wurde im April 1995 als großes Einkaufszentrum mit glasüberdachter Ladenstraße eröffnet. Im Vordergrund der Hanse Dom mit dazugehörigem Dorint-Hotel, der im Dezember 1999 als Freizeit- und Erholungspark seine Pforten öffnete.

Die Schwedenschanze mit neuen Einrichtungen
Das Gelände der „Schwedenschanze“ wurde bis 1990 von der DDR-Marine als Offiziershochschule genutzt. Heute befinden sich hier, am Ufer des Strelasund, mehrere neu entstandene Einrichtungen: rechts, an den roten Dächern erkennbar, das Berufsförderungswerk Stralsund GmbH, das im Herbst 1991 eröffnet wurde, darüber im Bild die Fachhochschule Stralsund und links die neu errichtete Bundesversicherungsanstalt für Angestellte.

Am Ufer des Strelasund
Blick über die Schwedenschanze, im Vordergrund neue Wohnsiedlungen. Rechts oben im Bild die hohe Schiffbauhalle der Volkswerft.

Weltkulturerbe Stralsund

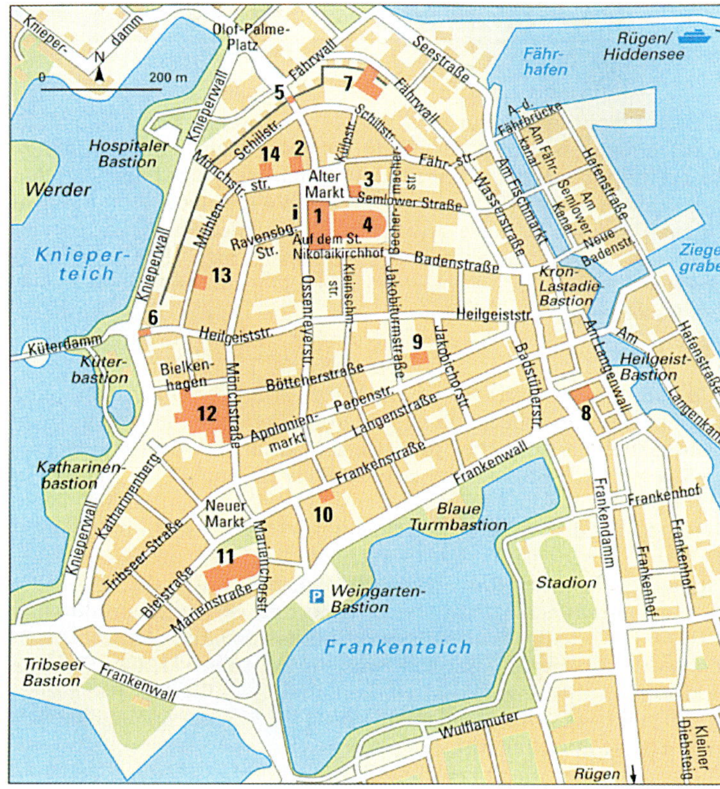

1 Rathaus
2 Wulflam-Haus
3 „Commandanten-Hus“
4 Nikolaikirche
5 Kniepertor
6 Kütertor
7 Ehemaliges Johanniskloster
8 Heilgeisthospital
9 Jakobikirche
10 Schiffer-Compagnie
11 Marienkirche
12 Ehemaliges Katharinenkloster, Kulturhistorisches Museum, Meeresmuseum
13 Kampischer Hof
14 Dielenhaus

Chronologische Übersicht

1168 Eine dänische Flotte landet auf Rügen, erobert die Tempelfeste Arkona und leitet die Christianisierung ein
1234 Wizlaw I, Fürst der Rugianer, stellt die Stadtgründungsurkunde für Stralow aus
1249 Zerstörung der Stadt durch die Lübecker
1249 Franziskanerkloster St. Johannis erhält seinen Bauplatz vom Rügenfürsten
1250 Bettelorden der Dominikaner bekommt seinen Bauplatz zugewiesen
1256 Kloster zum Heiligen Geist am Heilgeisttor wird erwähnt
1276 Erste Erwähnung der Pfarrkirche St. Nikolai
1278 Besiegelung der ältesten Stralsunder Hafenordnung
1298 Erste Erwähnung der Pfarrkirche St. Marien
1298 Baubeginn des Ratskellers, um 1305 Bau der 40 Läden im Erdgeschoß des Rathauses, 1316 Schlacht im Hainholz, Gefangennahme Erichs, des Herzogs von Sachsen-Lauenburg, nach erfolgter Zahlung des Lösegeldes von 16000 Mark Silber wurde 1319 der Bau der Rathausfassade begonnen, 1340 bis 1350 Fertigstellung der Rathausfassade
1303 Erste Erwähnung der Pfarrkirche St. Jakobi
1306 Errichtung des ersten Leuchtfeuers am Strand der Ostsee, der „Luchte“, auf dem Gellen von Hiddensee, das Schiffen nachts die Einfahrt in den Stralsunder Hafen erleichtern sollte

1318 Baubeginn des Turmes von St. Nikolai
1364 Bertram Wulflam wird Bürgermeister. Zusammen mit dem Lübecker Bürgermeister nahm er großen Einfluß auf die wirtschaftliche und politische Entwicklung im Ostseeraum
1370 „Friede zu Stralsund". Die Hansestädte befinden sich nach erfolgreichen Kämpfen gegen Dänemark auf der Höhe ihrer Macht
1525 Vollendung der Reformation in Stralsund und Säkularisierung der Klöster
1628 Wallenstein belagert Stralsund, das sich dank dänischer und schwedischer Waffenhilfe mit Erfolg verteidigt
1648 Die Stadt fällt im Westfälischen Frieden an Schweden
1662 St. Jakobi verliert, durch Blitzschlag getroffen, seinen hohen gotischen Helm. Das Feuer schlägt über die Straße hinweg und vernichtet auch die beiden gotischen Turmpyramiden der Nikolaikirche
1815 Ende der Schwedenzeit. Stralsund kommt zu Preußen
1863 Stralsund erhält Anschluß an das preußische Eisenbahnnetz
1873 Aufgabe des Festungscharakters der Stadt, Abbruch der meisten mittelalterlichen Tore
1883 Das Trajekt Stralsund – Altefähr stellt die Eisenbahnverbindung zwischen dem Festland und der Insel Rügen her

St. Nikolai hinter einer Rosette der Rathaus-Schaufassade

Rathaus – Detail der Fassade

Am Rathaus – Stralsunder Wappen zur Schwedenzeit

Rathaus – Schaufassade und St. Nikolai

1936 Fertigstellung des Rügendamms
1944 Schwerer Luftangriff auf Stralsund, dabei werden rund 800 Menschen getötet, ein Drittel des Wohnraums zerstört oder beschädigt und 40 Baudenkmale vernichtet
1945 Am 3. Mai erfolgt die weitgehend kampflose Übergabe an die Rote Armee
1948 Baubeginn für die Volkswerft
1960 Baubeginn für den Stadtteil Knieper-Nord
1964 Baubeginn für den Stadtteil Knieper-West
1980 Baubeginn für den Stadtteil Grünhufe
1989 Friedensgebete in der Nikolai- und Marienkirche leiten die Wende in den bisherigen gesellschaftlichen Verhältnissen ein
1989 Ein „Unabhängiger Gerechtigkeitsausschuß" bearbeitet von November bis Mai 1990 230 Eingaben von Bürgern

1989 Gründung des Bürgerkomitees „Rettet die Altstadt zu Stralsund e.V."
1990 Erste freie Wahlen. Stralsund gehört zum neuen Bundesland Mecklenburg-Vorpommern
1990 Eröffnung des Berufsförderungswerkes
1991 Gründung des Fördervereins St. Nikolai zu Stralsund mit jetzt 730 Mitgliedern
1991 Gründung der Fachhochschule mit jetzt 3000 Studenten
1992 Grundsteinlegung für die Marinetechnikschule in Parow
1995 Eröffnung des Strelaparks
1999 Eröffnung der neuerrichteten Bundesversicherungsanstalt (BfA)
1999 Eröffnung des Hansedoms
2002 Aufnahme der Historischen Altstädte von Stralsund und Wismar in die Welterbeliste der UNESCO

Chorruine St. Johannis

St. Johannis – Pietà von Ernst Barlach (1870–1938), aufgestellt 1988

Bibliographische Information Der Deutschen Bibliothek
Die Deutsche Bibliothek verzeichnet diese Publikation
in der Deutschen Nationalbibliographie;
detaillierte bibliographische Daten sind im Internet über
http://dnb.ddb.de abrufbar.

Literatur

Die historischen Altstädte Stralsund und Wismar / Welterbeantrag vom Dezember 2000;
Herbert Ewe, Kostbarkeiten in Klostermauern, Rostock 1990, Das alte Stralsund, Weimar 1994,
Das alte Bild der vorpommerschen Städte, Weimar 1996;
Georg Dehio, Handbuch der Deutschen Kunstdenkmäler / Mecklenburg 1980;
Siegfried Hirsch, St.Nikolai zu Stralsund, Baugestaltung Heft 9 / 1996;
Claudia Kimminus-Schneider, Das Katharinenkloster zu Stralsund
Karte auf S. 77 aus Bernd Wurlitzer, Mecklenburg-Vorpommern, Dumont Verlag, Köln 1996

Titelbild

Nördlicher Teil der historischen Altstadt. Das Bild zeigt typische Teile der Stadtanlage, den im Zentrum gelegenen Alten Markt mit dem Rathaus und St. Nikolai. Die wichtigsten Straßen führen direkt zum Hafen. Die grünen Wallanlagen zwischen der Stadtmauer und den Teichen sind ebenfalls besondere Merkmale der Hansestadt Stralsund.

Rückseite

Stralsunds Backsteinkirchen

Käppen-Pött-Weg 6 – 18055 Rostock – Telefon 0381- 693020 – Fax 0381- 693021
E-Mail:konradreich@t-online.de / www.konradreichverlag.de
Redaktion: Lydia Reich – Gestaltung: Konrad Reich
1. Auflage Dezember 2002 – Alle Rechte vorbehalten
Gesamtherstellung: Stadtdruckerei Weidner GmbH Rostock
Printed in Germany

ISBN 3-86167-120-4